了不起的中国非遗 戏曲

美术宝·编著

化学工业出版社
·北京·

内 容 简 介

《了不起的中国非遗 戏曲》带我们走进了曾经的"电影"中。有千年历史的皮影戏、婉丽妩媚的昆曲、字正腔圆的京剧，以及戏曲行业蓬勃发展促生的剧装戏具，无一不融合了文学、绘画、表演、演唱、音乐、舞台美术等各方面的艺术表现形式，为人们呈现出这些综合性娱乐项目的五光十色和奇特魅力。书中通过生动的手绘插图，介绍了戏曲类非遗项目的发展历史，行业特色，经典剧目等。

体验非遗魅力，感受中华文明的伟大变迁，探寻过去，开拓未来，就在了不起的中国非遗。

图书在版编目（CIP）数据

了不起的中国非遗. 戏曲 / 美术宝编著. —北京：化学工业出版社，2023.11
ISBN 978-7-122-44107-2

Ⅰ.①了… Ⅱ.①美… Ⅲ.①戏曲—非物质文化遗产—中国—青少年读物 Ⅳ.① G122-49

中国国家版本馆 CIP 数据核字（2023）第 167375 号

责任编辑：丰　华　李　娜　　　　　　文字编辑：郭　阳
责任校对：宋　夏　　　　　　　　　　封面设计：史利平

出版发行：化学工业出版社（北京市东城区青年湖南街13号　邮政编码100011）
印　　装：北京尚唐印刷包装有限公司
787mm×1092mm　1/12　印张 5$\frac{1}{2}$　字数 200 千字　2024 年 3 月北京第 1 版第 1 次印刷

购书咨询：010-64518888　　　　　　　售后服务：010-64518899
网　　址：http://www.cip.com.cn

凡购买本书，如有缺损质量问题，本社销售中心负责调换。

定　价：55.00元　　　　　　　　　　　　　　　　　版权所有　违者必究

前 言

非物质文化遗产是什么？

是指各族人民世代相传，并视为其文化遗产组成部分的各种传统文化表现形式，以及与传统文化表现形式相关的实物和场所。非物质文化遗产是一个国家和民族历史文化成就的重要标志，是优秀传统文化的重要组成部分。通过对具有历史、文学、艺术、科学价值的非物质文化遗产的学习，可以提高审美意识，增强动脑和动手能力，激发想象力和创造力，我们都是小小传承人。

美术宝教育创始人兼 CEO

甘凌

目录

【中国皮影戏】

光影下的传奇 …………………… 01
- 走进皮影戏 …………………… 02
- 光影雕刻出的生动画面 …………………… 04
- 那些热播的皮影戏 …………………… 06
- 影偶的制作工序 …………………… 08
- 一起来做简易皮影吧！…………………… 10

【昆曲】

百转千回 声声天籁 …………… 15
- 昆曲，一梦 600 年 …………………… 16
- 昆曲行当 …………………… 18
- 绝美昆曲演绎经典名剧 …………………… 20

【京剧】

字正腔圆的百年国粹 ………………… 25

人物专访 司献伟：花脸脸谱的魅力 ………… 26

京剧知多少 ……………………………… 28

演出来的天气 …………………………… 32

"生旦净丑"四大行当 …………………… 34

会说话的京剧脸谱 ……………………… 36

【剧装戏具制作技艺】

声声雅音中的精美行头 ……………… 43

戏曲行头有讲究 ………………………… 44

头顶上的繁华——盔头 ………………… 50

遗产名称： 中国皮影戏

列入年份： 2011 年

非遗类型： 联合国教科文组织评定列选的人类非物质文化遗产代表作名录

非遗类别： 表演艺术；口头传统和表现形式，包括作为非物质文化遗产媒介的语言；传统手工艺

申报国家： 中华人民共和国

简　　介： 中国皮影戏是一种以皮制或纸制的彩色影偶形象，伴随音乐和演唱进行表演的戏剧形式。皮影艺人在幕布后用木杆操控影偶，通过光线照射在半透明的幕布上创造出动态的形象。

非遗档案

光影下的传奇

· 中国皮影戏 ·

中国皮影戏传递着文化历史、社会信仰、口头传统和当地风俗等信息，在传播知识、提升文化价值的同时，也为人们带来了欢乐。

戏曲

走进皮影戏

皮影戏,是我国民间的传统艺术,也叫影子戏或灯影戏,需要用兽皮或者纸板做成不同的影偶形象,再结合有趣的故事进行表演。

古代的"电影"

相传,早在2000多年前的汉代就已经有人表演皮影戏了,皮影戏艺人们躲在用白色幕布搭建的戏台后面,手持操纵杆,一边操纵影偶,一边用当地流行的曲调讲述故事。光源从影偶上方照射下来,坐在幕布前的观众就可以清楚地看见幕布上的皮影了。

皮影戏起源的传说

相传，汉武帝因爱妃李夫人去世而伤心不已，无心打理朝政。大臣李少翁忧心忡忡。

有一天，李少翁在路上遇见一个正在玩布娃娃的孩子。看到娃娃的影子映在地上，李少翁灵机一动，就用棉帛裁出李夫人的形象，涂上色彩，并在手脚处装上木杆。到了晚上，李少翁让人搭了一个方形的帷幕，点上灯，请汉武帝端坐在幕前观看。

汉武帝看完后龙颜大悦，自此对这样的表演形式兴趣盎然。后来，这个载入《汉书》的故事，被认为是皮影戏最早的起源。

戏曲

光影雕刻出的生动画面

皮影戏影偶用镂空的方法进行刻制后,平涂上色,配色简练。在幕布上追求平面的形式美感,画面的疏与密、虚与实、动与静形成鲜明对比和变化。

雕刻出来的皮影戏影偶

皮影戏影偶的形象处理一般都不会太写实,以平面化为主。皮影戏影偶的雕刻与剪纸的原理相似,会搭配阴阳两种刻法进行刻制。

阳刻

留白多,保留形体轮廓挖去余部,多用于人面及白色物体的刻画。

阴刻

留白少,将形体看成一个面,在形体上直接刻出花纹,多用于服饰、物品等花纹的刻制。

> 皮影戏影偶的面容到底有什么秘密呢?

影偶的头茬

头茬是影人头部的造型,专人专脸,而一个身段可以用在几个头茬上。影偶的头茬分为脸谱和头饰两部分,脸谱融入了戏曲脸谱、壁画、雕塑、画像石的形态特点,把剧中生、旦、净、丑的人物性格刻画得形神兼备。除个别丑角、鬼怪的面部是四分之三侧面外,其余角色的面部一般都是正侧面。

> 让我来告诉你吧!

"生"与"旦"角色的面部妆容简单,在雕刻上留有大面积的空白。

生　　旦

鬼怪　　丑角　　净(花脸)　　丑(小花脸)

"净"与"丑"角色的面部比较复杂,特别是"净",颜色丰富、图案复杂,因此也被称为"花脸"。

戏曲

那些热播的皮影戏

皮影戏题材丰富，有历史故事演义、民间传说、武侠刑侦、爱情故事、神话寓言、时装现代等类型。常见的传统剧目有《白蛇传》《拾玉镯》《西厢记》《秦香莲》《牛郎织女》《杨家将》《岳飞传》《水浒传》《三国演义》《封神榜》等。

《西游记》

《西游记》是广受喜爱的皮影戏剧目之一。皮影艺人们一边控制着影偶做出各种高难度的动作，一边用当地流行的戏曲或民歌小调讲述精彩的故事。

图中表现的正是唐僧在高老庄收服猪八戒的场景，只见孙悟空手拿金箍棒，棒打猪八戒！猪八戒身后的高小姐及家人受到惊吓连连后退。

救命啊……

妖怪啊……

妖怪，哪里走！

悟空，小心！

《精忠报国》

《精忠报国》讲述了正气凛然、一心想要报效国家的青年岳飞的历史故事。不怕牺牲、不受诱惑、忠诚国家、孝敬父母，岳飞精神在今天仍然有重要的现实意义。

图中描绘的正是岳飞的母亲为鞭策儿子，在岳飞背上刺了"精忠报国"四个字。

《白蛇传》

《白蛇传》是中国四大民间爱情传说之一，讲述了修炼成人形的蛇精与人相爱的凄美爱情故事。

下方图中表现的是水漫金山的情节，白素贞和小青一起与法海交涉，交涉不成白素贞便施法水漫金山，后被镇压于雷峰塔下。

影偶的制作工序

制作皮影戏影偶要经过选皮、制皮、画稿、描样、镂刻、着色、烫平上油和订缀等工序，其中需要用到的刀具就多达十几种。

> 一起来看看皮影戏影偶是如何做出来的吧！

制作皮影戏影偶的刀具

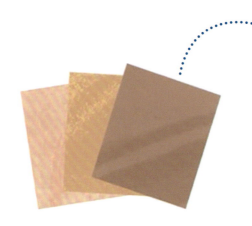

1. 选皮

制作皮影戏影偶的材料一般为牛皮，但不同地域选用的牛皮又有所不同。

2. 制皮

把选好的牛皮放在水里浸泡数天，取出用刀将皮的两面刮制干净，再把皮刮薄泡亮，撑在木框上绷紧阴干。

3. 画稿

在纸上画出皮影戏影偶的形象。

5. 镂刻

把皮子放在木板或蜡板上进行刻制，雕刻不同的纹样要用不同的刀具和技法。

4. 描样

将刮好的皮料分解成块，用湿布闷潮、闷软后，用特制的推板打磨，使皮料更加平展光滑，然后用钢针把各部件的轮廓和设计图案纹样描绘在皮面上。

6. 着色

主要使用红、黄、青、绿、黑五种颜色，一般互不调配，但可分层次，有深浅色区之分，进行平涂，双面着色。

8. 订缀

在影偶的关节处，用皮料刻成的枢钉或细皮条搓成的线连接起影偶的各个部件，使其动作灵活，最后再装上操纵杆就制作完成，可以进行表演啦。

7. 熨平上油

皮影着色阴干后用熨斗烫压平整。在我国东北部地区，皮影在压平后还要上一层桐油，以增强透明度和耐用性。

09

一起来做简易皮影吧!

了解了皮影戏影偶的制作工序,一起来动手试试看吧!

准备工具

子母扣

硫酸纸或半透明的材料

刮画纸和刮画棒

两根木棒

制作影偶

01. 用铅笔在刮画纸上轻轻地勾勒出皮影人物的头部、身体、双腿、大臂和袖口,剪下来备用,在红色圆圈所示位置刻出小孔。

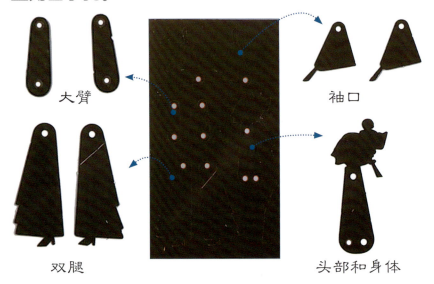

大臂　　袖口　　双腿　　头部和身体

02. 用刮画棒绘制出影偶身上的花纹,注意点线面元素的组合。

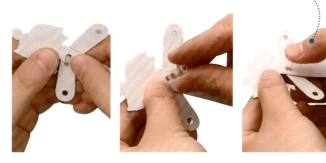

要用力按一下，听到卡扣合上的声音

03. 将两个大臂的孔洞对应好，找到子母扣中像小钉子的部分从洞中穿过去。

04. 将影偶的身体部分也套在子母扣上，注意与大臂的花纹朝向一致，然后将子母扣的另一部分找出来扣好。

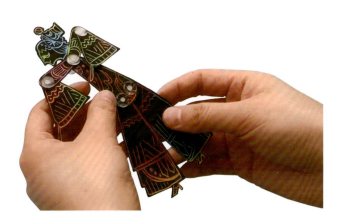

05. 按照同样的方法，将袖口与大臂，双腿与身体连接，影偶就做好了。

制作场景装饰

山石　　松树

01. 用刮画纸剪出山石和松树的形状。

02. 用刮画棒为山脉绘制一些肌理，在树冠上画出一些细节。

组装场景

01. 用马克笔或彩笔画一座戏台，戏台中间用剪刀剪出一个长方形的空白。

硫酸纸

02. 将硫酸纸或半透明的材料粘贴在戏台镂空的位置，再将山石和松树粘贴在背面。

反面　　正面

03. 将两根木棍粘贴在影人两侧的袖子上。

04. 将影人拿到皮影戏场景上比一比，打上灯光，将皮影放到幕后，就可以演绎皮影戏啦！

皮影戏

遗产名称： 昆曲

列入年份： 2008 年

非遗类型： 联合国教科文组织评定列选的人类非物质文化遗产代表作名录

非遗类别： 表演艺术

申报国家： 中华人民共和国

简　　介： 昆曲是现存的中国最古老的剧种之一。昆曲的唱腔具有很强的艺术性，对中国近代的所有戏剧剧种，如川剧、京剧都有着巨大的影响。

非遗档案

百转千回 声声天籁

· 昆曲 ·

昆曲表演包括唱、念、做、打、舞等，这些内容亦是培训京剧演员的基本科目。昆腔及其戏剧结构(旦、丑、生等角色)亦被其他剧种所借鉴。昆曲表演用锣鼓、弦索及笛、箫、笙、琵琶等管弦和打击乐器伴奏。昆曲的舞蹈动作主要分作两类，具有丰富的表现力。

昆曲，一梦 600 年

昆曲是汉族传统戏曲中最古老的剧种之一，至今已有 600 多年的历史了。昆曲的风格婉转优雅，舞蹈飘逸柔美，其最大的特点是抒情性强、表演细腻，歌唱与舞蹈的身段结合得十分巧妙。

1. 起源

昆曲产生于元朝末期，最初被称作昆山腔，是昆山人顾坚在南戏的基础上，融合了昆山当地的语音和音乐，改进而来。

2. 改良

明代嘉靖年间，民间戏曲音乐家魏良辅和其他音乐家一起，对昆山腔进行改良，形成了一种软糯、细腻的新腔调——"水磨调"，也就是今天的昆曲。

3. 乐器升级

魏良辅对昆曲的伴奏乐器也进行了改革，为了使昆曲的演唱更有感染力，将箫、笛、笙、琵琶等乐器共同运用在昆曲的伴奏中。

4. 繁荣

明代万历年间,昆曲创作进入全盛时期,涌现出大量优秀的剧本,演出市场非常繁荣。

5. 职业化

清代乾隆年间,清政府禁止官员拥有家庭戏班,所以民间开始出现职业昆班。

昆曲行当

你知道"行当"是什么吗？行当是一个戏剧术语，可以理解为戏曲演员的分工类别！

昆曲的角色分工随着表演艺术的发展越来越细致。在"生、旦、净、末、丑"五大行当之下，又细分为"二十脚色"。

百戏之母

昆曲之所以被称为"百戏之母"，不仅是因为其历史悠久，而且我国绝大部分的戏曲剧种都受到其影响，更重要的是因为它唱词的典雅唯美。文人士大夫阶层以自己的文化品格深刻地影响了昆曲的审美基调，许多唱词都是在这些文人士大夫的文学作品的基础上进行改编的，具有浓厚的文学色彩，是古代文化的象征。

生

大官生：做了大官，地位尊贵的成年男子。
小官生：青年文职官员。
巾生：未做官或未及冠的风流书生。
鞋皮生：穷苦落魄的书生或下层善良的市民。
雉尾生：青年将领或将门之子。

旦

老旦：老年妇女角色。
正旦：端庄、正派的贤妻良母或贞节烈女。
作旦：多为性格开朗的少女，也演儿童。
刺杀旦：表演刺杀戏的女性角色。
闺门旦：青年女子，多为窈窕淑女或闺阁小姐。
贴旦：年轻活泼，身份比闺门旦低的青年女子。
耳朵旦：宫女类的角色。

净

大面：威武刚毅、忠诚正义的角色。

白面：大多是阴险又有权势的反面角色。

邋遢白面：多是地位低微的平民或不务正业的粗俗之人。

末

老生：年纪大的有一定资历的男性角色。

副末：扮演次要的中年或老年角色。

老外：深沉持重的老年长者，以朝中重臣为主。

丑

小丑：朴实敦厚富有正义感但身份低微的下层人物。

副丑：奸刁刻毒而社会地位较高的反面角色。

戏曲

绝美昆曲演绎经典名剧

在昆曲 600 多年的历史发展中，曾涌现出众多著名曲目，其中《西厢记》、《牡丹亭》、《长生殿》和《桃花扇》被称为中国古典四大名剧。

《牡丹亭》

《牡丹亭》是一部经典的昆曲名作，由明代剧作家汤显祖创作。问世至今影响深远，几乎成为昆曲的代名词，其中《游园惊梦》的选段更是不朽的名段。

这部作品描写了官家千金杜丽娘对梦中书生柳梦梅一见倾心、伤情至死，后来化为魂魄寻找到了现实中的爱人，人鬼相恋，最后起死回生，终于与柳梦梅永结同心的故事。

《桃花扇》

《桃花扇》是清代文学家孔尚任创作的传奇历史剧剧本，剧本中的重大事件贴近真实历史，只在一些细节上作了艺术加工。以男女情事来写国家兴亡是此剧的一大特色，与洪昇创作的《长生殿》共同被誉为中国昆曲鼎盛期最后的两座巅峰。

这部作品讲述了明代末年发生在南京的故事。全剧以侯方域和李香君之间的情感故事为主线，展现了明末南京的社会现状，揭露了政权衰亡的原因，深刻表达了明朝遗民的亡国之痛。

《清忠谱》

《清忠谱》是清代剧作家李玉的代表作，也是昆曲的传统剧目。

这部作品讲述了明朝末年，宦官魏忠贤专权，迫害正义之士周顺昌。逮捕周顺昌之日，数万百姓到官府请愿，但阉党的爪牙不顾民意强行抓走周顺昌。群情激愤下，颜佩韦等五人带领百姓怒打阉党爪牙。后阉党下令捉拿乱民，阴谋屠杀百姓，最终五人为免全城遭难，主动自首、英勇就义的事故。

《长生殿》

《长生殿》主要取材于白居易的叙事长诗《长恨歌》、元代剧作家白朴的《梧桐雨》等。

这部作品的前半部分讲述了唐明皇与杨贵妃定情,在长生殿立下海誓山盟,之后安史之乱爆发,马嵬驿兵变,杨贵妃最终命殒黄沙的历史。后半部分讲安史之乱后,唐明皇思念贵妃,便想尽办法寻找她的魂魄;而杨贵妃死后也仍思念唐明皇,并为自己生前的行为忏悔,二人的精诚让上天感动,在织女的帮助下,终于在月宫团圆的故事。

《浣纱记》

《浣纱记》是根据中国明代传奇作品《吴越春秋》改编的昆曲剧目。

这部作品讲述了吴王夫差打败越国后,将越王勾践夫妇和越国大臣范蠡带到吴国充当人质。勾践被俘后听从范蠡的建议,施计将范蠡的恋人浣纱女西施进献给吴王,以取得其信任,离间吴国君臣。吴王果然为西施的美貌所迷惑,废弛国政,杀害忠良。三年后勾践被放回越国,在苦心经营下终于打败了吴国,夫差自杀。范蠡功成名遂后携西施泛舟而去,退隐官场。

昆曲

遗产名称： 京剧

列入年份： 2010 年

非遗类型： 联合国教科文组织评定列选的人类非物质文化遗产代表作名录

非遗类别： 表演艺术

申报国家： 中华人民共和国

简　　介： 京剧是一种融合了唱、念、做、打的表演艺术，在中国各地都有广泛的表演，被视为中国传统社会戏曲审美理想的集大成者。

非遗档案

字正腔圆的百年国粹

· 京剧 ·

京剧是中国国粹之一,以北京、天津和上海为主要演出中心,遍及全国各地。京剧在文学、表演、音乐、舞台美术等各个方面都有一套规范化的艺术表现程式。

司献伟：花脸脸谱的魅力

人物专访

司献伟 京剧演员
北京霓裳雅韵京剧摄影创始人

Q1 京剧的花脸有哪些分类？

A：花脸就是生旦净丑里边的净角，花脸又分铜锤花脸、架子花脸和武花脸。

铜锤花脸基本上以唱功为主，比如徐延昭、包拯；架子花脸就是以唱、念和功架①并重的花脸，像窦尔敦；武花脸就是以武打为主，摔、翻、跌、扑，各种武打戏，像李元霸。

①功架：戏曲的术语，指戏曲演员表演时的身段和姿势。

京剧的脸谱十分花哨,该如何看懂呢?

A:其实,可以通过脸谱的颜色来区分所扮演的人物性格,有一个谚语"红忠紫孝,黑正粉老,水白奸邪,油白狂傲,黄狠灰贪,蓝勇绿暴,神佛精灵,金银普照",通过颜色,我们就能判断出这个人物的性格。

脸谱的谱式有很多种,比如整脸,就是整个脸部涂抹一种颜色作为主色,像是红脸的关羽;三块瓦脸,就是额头和左右脸颊呈现出三块主色,像是蓝色花三块瓦脸的窦尔敦,还有十字门脸、元宝脸、象形脸等。

但是脸谱并不是一成不变的,京剧艺术家们会根据自己的脸型条件,以及对人物的理解等去调整、创造脸谱。所以可以说,脸谱是千人千面。

花脸的图案看起来非常复杂,有什么绘画小窍门吗?

A:戏曲演员都要具备自己给自己化妆的能力,特别是花脸演员,要勾画非常精细。比如说窦尔敦,我们先把所有的白色纹路画出来,然后再从浅到深去填其他颜色;先勾画边缘,然后再往里填颜色。画好一个脸谱,需要长年累月的练习。

您认为京剧的魅力在哪里?

A:京剧讲究"四功五法",也就是唱、念、做、打四项基本功,手、眼、身、法、步五种技艺。戏曲是一项非常融合的艺术门类,除了表演,还涉及传统文化,戏曲演员也是多方面综合发展的。我们所具备的功力不仅可以呈现在传统戏曲中,更可以与世界上其他剧种融合表演,发展多元。

戏曲

京剧知多少

京剧又叫平剧、京戏等,是中华民族传统文化的重要表现形式,擅长表现历史题材中的政治和军事斗争,故事大多取自历史演义小说和话本。京剧起源于清代乾隆年间,至今已经有 200 多年的历史了。

京剧的形成

花雅之争

花部指京腔、秦腔、梆子腔、二黄调等,具有地方特色的戏曲,统称"乱弹",其表演鲜活,深受广大百姓热爱。雅部一般指的是昆腔,深受王孙贵族、士大夫的喜爱。

昆曲在戏坛雄踞了两百余年,在进一步雅化的过程中衰落下来,而风格多样的花部在发展的过程中不断融合,相互吸取,逐渐兴盛。

梦回莺啭……

徽班进京

乾隆皇帝很喜欢四处游历，曾多次去到江南，对南方的戏曲很感兴趣。乾隆皇帝80大寿的庆典演出召了四大徽班之一的三庆班进京演出贺寿，自此之后，徽戏在京城名声大噪、广受欢迎。

我爱旅行！

京剧诞生

徽班进京之后，为了迎合京城观众们的喜好，逐渐开始与昆曲、秦腔、京腔等剧种融合，并与楚声汉调互补，促生了一个大的综合性剧种——京剧。

直到光绪年间，京城戏班首次前往上海演出并轰动全城，上海《申报》在报道中称其为"京剧"。

四大徽班

三庆班、四喜班、和春班、春台班被称为"四大徽班"。徽班起源安徽江苏一带，因戏班里的艺人多是安徽籍，所以称为徽班。四大徽班虽同属徽戏，但是各有所长。

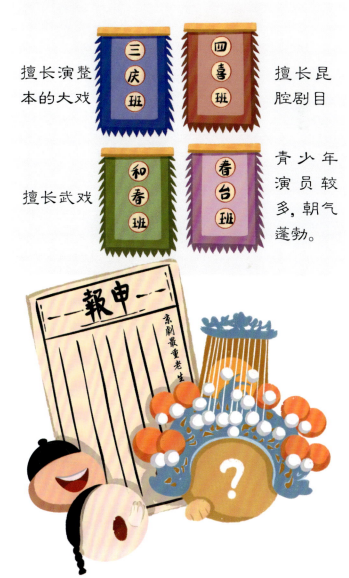

擅长演整本的大戏 — 三庆班

擅长昆腔剧目 — 四喜班

擅长武戏 — 和春班

青少年演员较多，朝气蓬勃。— 春台班

京剧中的乐器

配乐伴奏是京剧演出中至关重要的部分,其中最重要的伴奏乐器要数京胡和京二胡了。

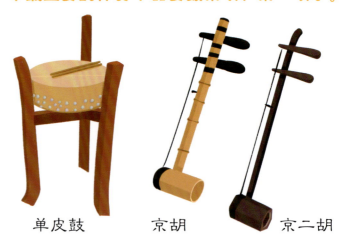

大锣　　小锣　　钹

月琴　　板　　单皮鼓　　京胡　　京二胡

意在神似的京剧表演

在京剧表演中,这两面画着车轮的旗子就代表车啦!

京剧表演与中国写意绘画一样具有写意性,追求神似,通过无实物或者仅依靠简单的道具进行剧情表演。

车轮旗

坐车

船浆

划船

十八般兵器

在京剧中，兵器还有另外一个名字叫做"把子"，一些特定的角色通常配有特定的兵器，如李逵常用双斧，二郎神常用三尖两刃刀等。

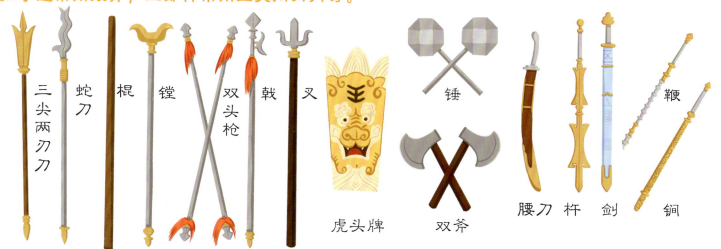

三尖两刃刀　蛇刀　棍　镋　双头枪　戟　叉　虎头牌　锤　双斧　腰刀　杵　剑　鞭　锏

掀轿帘动作

骑马　　上轿

戏曲

演出来的天气

在京剧中是如何通过表演的方式来展现风霜雨雪呢?

刮风啦!

下雨啦!

这些人的扮相好奇怪啊!演的是什么角色呢?

刮风
演员扮成小鬼,手握黑旗就表示刮风了。

下雨
演员用衣袖遮住头,做出挡雨的动作,表示下雨了。

下雪啦!

我是云童,手里拿着的是木质的云牌。我一出场就表示云来了,有时我们也会跟随一些神仙角色一起出场,喻意"脚踏祥云"!

下雪

演员扮成小鬼,站在椅子上,手拿红色旗子,有时旗子里夹带一些白纸片,随着旗子摇动纷纷落下,看起来就如同下雪一样。

神话形象

有时京剧中也用神话形象来表示自然气候,比如风婆、雨师、电母、雷公等。

雨师扮相

"生旦净丑"四大行当

"生"行指京剧中的男性角色。根据年龄、身份的不同又划分为老生、小生、武生。相信看外形就可以猜到我是武生吧!

"旦"行是女性角色。按年龄分为老旦和小旦,按性格分为青衣和花旦,按武功分为武旦和刀马旦。

戏曲

会说话的京剧脸谱

画脸谱是京剧表演中一种特殊的化妆方法。每个历史人物或某一类型的人物都有相对程式化的脸谱样式与色彩。京剧脸谱的样式、色彩与人物的性格有着密切的关系。

京剧演员为什么要在脸上画脸谱呢?

相传北齐的兰陵王是一位骁勇善战的猛将,但是他长相俊美,为了在战场上震慑敌人,兰陵王每次出征时都会戴上凶狠的面具,遮住自己的容颜,因此屡屡获胜。

人们为了歌颂兰陵王就把这个故事编成了戏曲,深得观众的喜爱。起初演员在扮演兰陵王时也是佩戴面具。后来就逐渐演变成了用油彩直接在脸上画出脸谱。

脸谱识人

画着脸谱,都分不出演的是谁啦!

我来教你通过脸谱辨识人物吧!

京剧脸谱五颜六色,不同的人物有着不同的图案和颜色,只要看懂这些,就可以知道这个人物的性格和身份啦!

黄脸勇猛的典韦

金脸神秘的二郎神

红脸忠义的关羽

白脸狡诈的赵高

紫脸忠孝的庞德

蓝脸武林高手窦尔敦

绿脸蛤蟆图案的王彦章

黑脸月牙图案的包拯

红色:代表忠义、勇武。

黄色:代表残暴、彪悍。

白色:代表奸诈、阴险。

黑色:代表铁面无私。

蓝色:代表性格刚强。

紫色:代表忠孝稳重。

绿色:代表鲁莽、暴躁。

金色:代表德高望重的神仙。

银色:代表比金色等级低一些的神仙。

戏曲

京剧脸谱如何画？

准备工具

脸谱面具或画纸、丙烯颜料、毛笔、黑色勾线笔、调色盘、盛水容器、干纸巾。

要仔细观察呦！

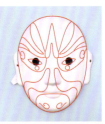

脸谱面具上有很多形状，这些形状可以帮助我们更好地涂抹颜色。

分区涂色

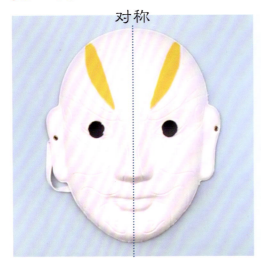

对称

黄色区域

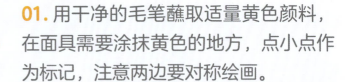

01. 用干净的毛笔蘸取适量黄色颜料，在面具需要涂抹黄色的地方，点小点作为标记，注意两边要对称绘画。

02. 在做标记的形状里涂上黄色，涂抹颜色时不要着急，尽量将形状边缘涂抹得平滑一些。

红色区域

03. 涂好黄色色块后，再用干净的毛笔蘸取红色颜料，用同样的方法标出红色区域，然后从额头左侧开始绘画，涂抹颜色的区域如果比较小，可以更换小笔进行涂色。

04. 在画鼻子的侧面时，先将鼻子的边缘画好，然后慢慢向内涂色。

深蓝色区域

浅蓝色区域

浅蓝色调色：

大量白色 ＋ 少许深蓝色 ＝ 浅蓝色

05. 用干净的毛笔蘸取深蓝色颜料，按照从上到下的顺序依次填充，涂色过程中，在两个相邻色块中间留出空隙。

06. 用白色和深蓝色调出浅蓝色，填充浅蓝色区域。

描绘黑色及细节

黑色区域

07. 同样的方法填充黑色区域，先涂抹面积大的色块，留出眼睛。

08. 等颜料晾干后，用勾线笔画出眼睛下方的圆点、鼻孔、下巴和眼睛上方的花纹等细节，再用白色颜料勾画出太阳穴处的花纹。

戏曲

京剧

遗产名称：剧装戏具制作技艺
公布时间：2006 年（第一批）
非遗类型：国家级
非遗类别：传统技艺
项目编号：Ⅷ-82
申报地区：江苏省苏州市
简　　介：剧装戏具制作是苏州市一门独特的手工技艺，其起源可上溯至明代中叶，是与当时南戏北调中最为典雅优美的昆曲相伴而生的。

遗产名称：剧装戏具制作技艺
公布时间：2008 年（第二批）
非遗类型：国家级
非遗类别：传统技艺
项目编号：Ⅷ-82
申报单位：北京剧装厂
简　　介：北京剧装戏具制作技艺出现于清代中叶，是伴随着京剧艺术的兴起而产生的。北京戏装最讲究舞台艺术效果，它优美而夸张的造型、色彩和图案有利于衬托剧中人物的艺术形象。

声声雅音中的精美行头

· 剧装戏具制作技艺 ·

剧装戏具因中国戏曲的兴起而发展,又称为"行头",包括戏衣、戏帽、戏鞋,以及刀枪、口面、绒球、排须、点翠等。制作工艺考究,融合了绘画、刺绣等艺术元素。

戏曲行头有讲究

明清以来，苏州一直是丝绸和棉布的主要产地，苏州的刺绣也因技艺精湛而闻名中外，因此苏州的剧装戏具制作自然具备了其他地区所无法比拟的优势。

你知道吗？苏州剧装至今仍是纯手工制作的，这可是要耗费不少心力呢！

苏州剧装都是根据角色的身份、年龄、性格，戏曲的剧种以及戏班风格来设计的，分别以绫缎、绵绸、绉纱、夏布作衣料，丝线粗细、色泽均有讲究，并配以金银丝、排须、五彩光片等作装饰。

四大名旦

20世纪20年代，京剧四大名旦的称谓在天津《大风报》上首次被提出，是指"首届京剧旦角最佳演员"评选活动中当选的梅兰芳、程砚秋、荀慧生和尚小云，而后来四大名旦的剧装多数是在苏州定制的。

一针一线都是精品啊！

这衣服做得真是精美！

就是价格略高！

见衣识人，大有玄机

苏州剧装戏具门类齐全，其中最具代表性的就是蟒、帔、靠和褶。

蟒

蟒即蟒袍，是帝王将相、王妃公主、高级武将等所穿戴的礼服。蟒袍上面绣着蟒纹，腰部配有玉带，女用玉带常绣凤穿牡丹纹。

凤穿牡丹纹

男用玉带　　女用玉带

云肩

玉带

女蟒

女蟒是皇后、王妃、贵夫人穿用的服装，长度及膝，比男蟒稍短些，下面搭配裙装。

男蟒

五趾

四趾

玉带

是"龙"还是"蟒"?

在古代,皇帝穿的"龙袍"上面绣的是"龙",爪上有五趾;而朝廷命官穿的"蟒袍"上的纹样虽然也是龙的样子,但爪上只有四趾,故称为"蟒"。

帔

帔是戏曲中使用范围较广的一种便服，特征是对襟。帔有男帔和女帔之分，样式大致相同。

男帔
可以根据颜色和花纹来区分角色或身份，如小生帔、员外帔或皇帔。

女帔
可以根据花纹识别角色的年龄。

对帔
夫妻同时出场时穿着的颜色和花纹一致的帔。

我们是夫妻！

看得出我是员外吧！

我是小生。

老年：常用福寿纹样。

少女：常用折枝花纹样。

女帔领子的尾端一般都会有如意头。

中年：常用团花纹样。

靠

靠是戏曲里古代武将的戎服，按性别可分男靠、女靠。背后插靠旗的是硬靠，不插旗的是软靠。

为什么要在靠背上插旗子呢？

让我来告诉你吧！

"靠旗"又叫"护背旗"，是指演员背后插着的四面三角形的旗子，是戏曲舞台上具有装饰性的舞蹈工具，为了渲染处于战斗场合的武将的威风。

我是女将军。

牡丹纹

凤凰纹

团寿纹

龙纹

海水江崖纹

我是男武将！

女靠

女靠的纹饰图案以牡丹纹和凤凰纹为主，并搭配云肩。

男靠

男靠的纹饰图案以团寿纹、龙纹等为主，以海水江崖纹为辅。

褶

褶是戏曲服饰中的便装，品种极多，有花褶和素褶之分。

衣

除上述四种服饰外，其他的都可称为衣。衣的形式多样，可分为长衣、短衣、专用衣和配衣四类。衣的纹饰图案也很丰富，有走兽、蝶燕、花卉等。

兽纹

花纹

麒麟吐水开氅

长衣中的开氅

团狮开氅

头顶上的繁华——盔头

盔头，也叫盔帽、戏帽，是戏曲表演时演员头上戴的帽子。和戏衣一样，盔头根据表演剧目的历史背景、剧情发展、人物特性等设计，起到夸张、美化人物的作用。从外形上，可划分为冠、盔、帽、巾。按质地，可以分为硬胎和软胎。冠，质地为硬，非常华丽，多为贵族男女所戴；盔，质地硬，一般为武将所戴，彰显威武气势；帽，质地有软有硬，各阶层都有佩戴；巾，质地软，以文士佩戴居多。

让我们来认识一下盔头中最为华丽的冠吧。

紫金冠
多为王子和少年将军所戴。

九龙冠
皇帝便装时佩戴的帽冠。

平天冠
一般为汉代或汉代以前的帝王、玉皇大帝和阎王所戴。

束发紫金冠
常为贾宝玉和齐天大圣所戴。

钿冠
又称"殿冠"，黑底，带钿花，专为《四郎探母》中的萧太后所戴。

老旦凤冠

太后或老命妇的专用女冠。

花篮穗

过翘

大过翘是王妃、公主用的帽冠，小过翘为宫女所用。

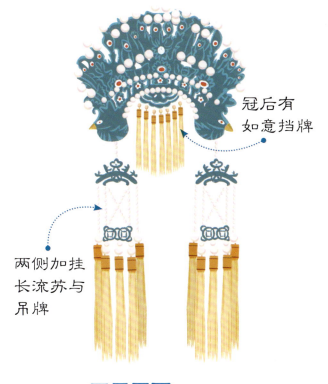

冠后有如意挡牌

两侧加挂长流苏与吊牌

正旦凤冠

皇后、嫔妃、命妇、公主或官家小姐的专用女冠。

如意冠

《霸王别姬》中虞姬的专用冠。

皇后的后冠挂的穗是金黄色的。贵妇或新妇挂粉色或其他颜色。

盔头的制作工序

1. 拓样

把盔头的花纹样式贴放在薄纸板上，将墨粉均匀地弹在上面，拓出纹样。

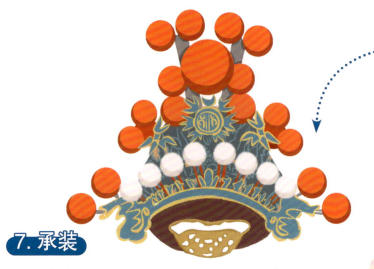

6. 点绸

用绸缎装饰头面，使其色彩艳丽，尽显精致。

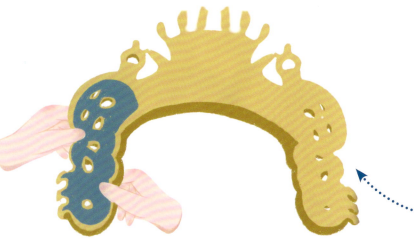

7. 承装

一件完整的盔头不仅需要制作非常多的零部件，还要制作绒球、珠须、花朵、流苏等用于装饰。承装就是将做好的各个零部件拼装在一起，形成一个完整的盔头行头。

2. 镟活

镟活是盔头制作行业的专业术语，就是把带有纹样的纸板放在蜡台上，用镟刀沿纹样边缘将其刻下来。

3. 掐丝

在刻下来的纹样边缘掐上一圈铁丝形成更加结实的硬胎。有时为了显示镂空还需要加纱。

4. 沥粉

用大白粉和白乳胶调和成黏状物，在硬胎没有掐丝的一面，用锥形管等工具沿边缘挤出纹饰，增加立体感。

5. 贴箔

在硬胎沥过粉的一面刷一层胶或清漆，晾至半干后上箔，用棉花或绒布把箔打平，完全晾干后用净刷将边缘清扫干净。